AF347190

LA MORT

DU

CHEVALIER D'ASSAS,

OU

LA BATAILLE DE CLOSTERCAMP.

PIECE PATRIOTIQUE,

En trois Actes et en Prose.

Par M. Alexis Dubois.

A LYON, de l'Imprimerie de P. BERNARD, rue Luizerne;

Et se trouve

Chez l'Auteur, à la Comédie.

1791.

PERSONNAGES.	ACTEURS. M^{rs}.
Le GÉNÉRAL, François.	*Baton.*
Le Marquis D'ARMONT, Maréchal-de-Camp.	*Gervais.*
Le Cheval. D'ASSAS, Capitaine de Chasseur du régiment d'Auvergne.	*Dubois.*
HENRIETTE, fille de M. d'Armont.	*Mlle. Fleury.*
Le Comte DE ROCHAMBEAU, Colonel du régiment d'Auvergne.	*St. - Aubin.*
M. DE FICHER, Colonel du régiment d'Hussards.	*Astrandy.*
Un CHASSEUR du régiment d'Auvergne.	*Paban.*
CHAMPAGNE, valet-de-chambre du Général.	*Arnaud.*
LANSMANN, domestique Allemand. (1)	*Chevalier Seguenot.*
Plusieurs CHEFS et OFFICIERS de différents Corps.	
Ier. OFFICIER Anglois.	*Billion.*
VOLVIC, Officier anglois.	*Penelle*
IIe. OFFICIER anglois, *id.*	*Noel*
IIIe. OFFICIER, *id.*	*Archainbaud.*

La Scene est à Clostercamp. Les deux premiers actes se passent dans un Château; et le troisieme dans un bois.

---

(1) Ce rôle se baragouine.

LA MORT
DU CHEVALIER D'ASSAS,
OU
LA BATAILLE DE CLOSTERCAMP,
PIECE PATRIOTIQUE.

ACTE PREMIER.

SCENE PREMIERE.

LANSMANN, *seul.*

DEMANDEZ - moi un peu à quoi sert la guerre ? Je ne suis pas philosophe ; mais il me semble que tous ces milliers d'hommes qui virent de tous côtés au gré d'un seul, tantôt battans, tantôt battus, feroient beaucoup mieux de rester tranquillement chez eux. Depuis trois jours que les François sont campés à Clostercamp, je n'ai presque encore pu ni boire, ni manger, ni dormir. Ils se sont emparés de ce château, et s'y conduisent comme s'il leur appartenoit. Leur Général en a fait son auberge ; et moi, que M. le baron de Freguendorf à qui il appartient véritablement, en a fait le concierge,

je ne suis plus que le palfrenier de nos ennemis. On
vuidé notre cave , on mange nos poules , nos moutons,
nos crompirs , et tout cela sans que j'aie le plus petit
mot à dire..... Ah! *meingoth* , *meingoth* !... Il y a
dans notre cour un détachement de Huzards de Ficher
et des Volontaires ..... oh! les enragés! ceux - là ne
font point de façon pour entrer chez le monde .... ils
n'ont pas plus de politesse.....

CHAMPAGNE *en dehors* , (Holà ! hé ! mons
Lansmann !)

Mais chut .... voilà M. de Champagne, le valet-
de chambre du Général, qui m'a appelé.... Ce gaillard-
là se croit maître, et me traîte ... Ah ...

SCENE II.
CHAMPAGNE , LANSMANN.

CHAMPAGNE.

COMMENT donc ? M. Lansmann se donne les airs de
ne pas répondre ! Que fais - tu ici ?

LANSMANN.

Ma foi , M. de Champagne , je fais la besogne que
vous m'avez ordonné.

CHAMPAGNE.

La besogne que je t'avois le plus essentiellement
recommandée , étoit de me préparer à déjeûner.

LANSMANN.

J'eu conçois l'importance , mais....

CHAMPAGNE.

Quoi ! mais ... J'ai fureté dans tous les coins de la
cuisine sans y avoir pu trouver seulement un verre
de vin.

LANSMANN.

Pardi, je le crois bien : M^{rs}. les huzards, les volontaires , ils l'ont *tous bivé.*

CHAMPAGNE, *le contrefaisant.*

Ils l'ont *tous bivé !* cela m'avance beaucoup, moi.

LANSMANN.

Allez, allez, M. de Champagne, tenez, voilà les clefs de la cave, pour vous servir de consolation.

CHAMPAGNE.

A l'heure qu'il est, un homme comme moi n'avoir pas déjeûné.

LANSMANN.

Il est vrai qu'il est déja tard ; mais tranquillisez-vous, vous n'êtes pas d'un physique qui laisse de si-tôt présager les perplexités de l'inanition.

CHAMPAGNE.

Schtil, s'il vous plaît, M. Lansmann ?

LANSMANN.

Oh ! que les domestiques françois sont impertinens !

CHAMPAGNE.

Que dis-tu donc-là tout bas ?

LANSMANN.

Je remercie le sort de ce qu'il a voulu nous procurer l'honneur de votre visite.

CHAMPAGNE.

Oui, parlons de cela : n'est-ce pas que nous sommes de bons enfans ? tu dois être enchanté d'avoir fait notre connoissance.

LANSMANN.

Oui, je vous assure, j'en suis si content que (*à part*) je voudrois vous voir à tous les diables.

CHAMPAGNE.

Tu marmottes toujours entre tes dents certains petits mots équivoques qui piquent ma curiosité.

LANSMANN.

Equivoques ! point du tout, Hé bien, que faut-il que je fasse à présent ? car vous me gronderez encore.

CHAMPAGNE.

Va-t-en promptement dételer les chevaux qui sont
à la voiture de M. d'Armont qui vient d'arriver ; mets-
les à l'écurie, prends-en soin, & tu reviendras promptement me trouver chez moi.

LANSMANN *fort.*

Ah, meingoth ! Ah, meingoth !

SCENE III.

CHAMPAGNE, *seul.*

M. D'ARMONT arrive, j'en suis enchanté ; c'est un
si brave homme ! il a, je crois, soixante ans ; il est encore
plus vif que moi. C'est un cœur d'or, un François intrépide ; il porte dans la guerre, tout vieux qu'il est,
la chaleur des jeunes soldats et la prudence des vieux
généraux, il nous sera fort utile ; mais je crois l'entendre.

SCENE IV.

M. D'ARMONT, HENRIETTE sa fille, CHAMPAGNE, une suivante d'HENRIETTE.

M. D'ARMONT.

AH ! Champagne, c'est toi, je suis bien aise de te
voir ; comment t'en va, mon garçon ? à merveille,
n'est-ce pas ? tu fais donc aussi la guerre ? Où est ton
maître ? au camp, je gage ?

CHAMPAGNE.

Oui, Monsieur, mais il ne tardera pas à rentrer.

M. D'ARMONT.

Tant mieux. Ma fille, nous serons fort bien ici : :

voilà un fort beau quartier général : à qui appartient
ce château ?

CHAMPAGNE.

Au Baron de Freguendorff, colonel d'un régiment
de grosse cavalerie hanovrienne.

M. D'ARMONT.

Le Baron de Freguendorff ! Je connois ce nom-là.
Eh ! oui, c'est ce diable de baron qui, dans un poste,
dont il s'empara, fit tailler en pieces cinquante hommes de mon régiment, qui s'étoient défendus en braves gens. C'est un homme dur, féroce, sans huma-
nité.... Il auroit bien mérité que j'usasse de repré-
sailles envers les siens mes prisonniers ; et je me féli-
cite de n'en avoir rien fait. D'ailleurs, nous François,
ennemis naturels de ces atrocités monstrueuses, nous
n'usons que de clémence, alors que nous sommes
vainqueurs....... Qu'écoutes-tu donc là ?

CHAMPAGNE.

C'est que je croyois entendre le Général.... Il
sera enchanté de vous voir ; il ne vous attend sûrement
pas, et il vous aime....

M. D'ARMONT.

Je le crois ; nous sommes d'anciens amis. J'étois
lieutenant-colonel, et son Mentor, au régiment dans
lequel il a fait sa première campagne comme sous-
lieutenant ; il étoit bien jeune, mais il annonçoit dès-
lors tout ce qu'il est aujourd'hui ; c'est un brave
homme, bon soldat, bon François.

CHAMPAGNE.

Ajoutez à cela, Monsieur, que c'est le meilleur des
maîtres. Mais le voici. (*Il sort.*)

SCENE V.

LE GÉNÉRAL, D'ARMONT, HENRIETTE,
La Suivante.

LE GÉNÉRAL.

Quoi! mon cher d'Armont, c'est vous que je vois, que j'embrasse!

M. D'ARMONT.

Oui, Général, c'est moi qui ai pris le chemin le plus dangereux uniquement pour vous voir.

LE GÉNÉRAL.

Je ne puis revenir de ma surprise. (*Il apperçoit Henriette.*) Ah! Madame, pardon.

M. D'ARMONT.

Général, c'est ma fille; mon Henriette: je ne vous la présente pas; vous la connoissez déja.

LE GÉNÉRAL,

Il y six ans.... Mille pardons, je n'avois pas l'honneur de remettre Mademoiselle.

M. D'ARMONT.

Elle n'avoit que treize ans alors; et six ans sur une jeune tête produisent du changement; les traits se prononcent, on grandit.

LE GÉNÉRAL.

Ajoutez, qu'on embellit...

HENRIETTE.

Monsieur!....

M. D'ARMONT.

Ah! Général, de la galanterie! au milieu d'un camp! sous les armes!...

LE GÉNÉRAL.

Des Chevaliers François, tel est le caractère.
Et d'ailleurs, par-tout où la beauté daigne paroitre,
elle

elle a droit à nos hommages. Mais, mon ami, dites-
moi donc, quel événement ou quel hasard vous a
conduit ici?

M. D'ARMONT.

Voici, en deux mots, mon histoire. Mlle. d'Armont, comme vous savez, étoit d'Hambourg. Il y a
environ dix mois qu'elle eut envie de revoir sa fa-
mille ; elle parût avec sa fille : quinze jours après son
arrivée, elle tomba malade, ... nous la perdîmes....
Mon cœur en saigne encore... Mon Henriette étoit
restée chez ses parens ; elle m'écrivoit sans cesse de
venir la chercher ; j'en arrive, et me rendant à Bergues, mon cœur m'a conduit dans ce camp, pour y
revoir mon ancien ami.

LE GÉNÉRAL.

Cette nouvelle preuve d'amitié, me pénètre de
reconnoissance. Mais Mlle. d'Armont me pardon-
nera-t-elle les craintes dont elle n'aura sûrement pu
se défendre, en traversant, pour ainsi dire, une armée
ennemie ?

HENRIETTE.

Le bonheur que mon père se promettoit en vous
trouvant ici, m'a donné du courage ; et l'idée du danger n'a pas même approché mon cœur.

M. D'ARMONT.

Qu'en dites-vous, Général ?

LE GÉNÉRAL.

Qu'avec les sentimens que montre Mademoiselle,
vous devez être le plus heureux des pères.

M. D'ARMONT.

Aussi, le suis-je.

LE GÉNÉRAL.

Mais Mademoiselle doit avoir besoin de repos.
(*Il appelle.*) Champagne !

B

SCENE VI.

LES PRÉCÉDENS, CHAMPAGNE.

LE GÉNÉRAL, *à Champagne.*

FAITES préparer sur le champ, un appartement pour Mlle. d'Armont.

CHAMPAGNE.

Il est déja tout prêt, Monsieur.

M. D'ARMONT.

En ce cas, mon enfant, va te reposer ; moi, je reste ici, j'ai à causer avec le Général.

(Le Général donne la main à Henriette, la conduit jusqu'à la porte de son appartement, et revient à d'Armont).

SCENE VII.

LE GÉNÉRAL, D'ARMONT.

LE GÉNÉRAL.

OH ! çà, mon ami, vous resterez, j'espère, quelques jours avec nous ?

M. D'ARMONT.

Je le voudrois de tout mon cœur, Général ; mais je ne suis pas seul, et ma fille...

LE GÉNÉRAL.

Mademoiselle d'Armont est ici en sûreté ; nos précautions sont prises ; et j'ose croire que nous n'avons rien à craindre des ennemis.

M. D'ARMONT.

Craindre les ennemis ! un François ! Cela ne m'est, parbleu, jamais arrivé ; et sans compliment, Géné ral, je ne commencerai pas au milieu d'une armée qui est à vos ordres.

LE GÉNÉRAL.

Je parlois pour Mlle. d'Armont.

M. D'ARMONT.

Je ne la crois pas, à la vérité, bien courageuse; cependant si vous aviez un certain officier que nous connoissons, je compterais assez sur elle.

LE GÉNÉRAL.

Comment donc ?

M. D'ARMONT.

Je vous parlerai de cela dans un autre moment.

LE GÉNÉRAL.

Je compte faire exécuter demain quelques nouvelles manœuvres; je serois bien-aise que vous m'en disiez votre avis.

M. D'ARMONT.

C'est ce que je ferai, Général, avec la franchise que vous me connoissez.

LE GÉNÉRAL.

Je veux aussi que nous parcourions ensemble le terrein de Clostercamp, et vous montrer en détail le parti que j'en ai tiré. Déja vous avez pu voir notre position en arrivant ici.

M. D'ARMONT.

Oui, je l'ai vue, elle est bonne, excellente; j'aurois, parbleu, défié Turenne, Villars, Catinat et tant d'autres, d'en choisir une meilleure. Des haies, des ravins, un marais, semblent placés tout-exprès pour en défendre l'accès. Ah ! votre camp est bien vu, bien assis; il bat de tous côtés. Mais à propos, j'ai fait route entre Haltren et Vezel : on disoit les ennemis dans les environs, je n'ai seulement pas vu la queue d'une colonne.

B 2

LE GÉNÉRAL.

Quoi! vous n'avez pas été visité par aucun piquet, aucun poste, aucune garde?

M. D'ARMONT.

Si fait, des hussards noirs; ces gaillards-là se fourrent par-tout: ils ont cru faire capture en me voyant, mais je les ai détrompés. Ils m'ont demandé d'où je venois, qui j'étois, où j'allois: Eh! parbleu, leur ai-je dit, je suis M. d'Armont, je viens d'Hambourg, et je me rends à Bergues. « Mais, m'ont-ils dit, vous » êtes militaire? — Pourquoi pas? — Vous prenez vo- » tre route par Vezel? — Et pourquoi non? » Leur chef s'est avancé, et m'a dit dans son baragoin: « *Mont-* » *sir l'est-il Francèse? L'est-il muni d'un passe-ls-* » *porte?* — *Ia meinheir,* un sauf-conduit du Prince » héréditaire, le voilà. » Il le prend, le regarde, me le rend, et fouette cocher, j'arrive ici avec ma fille.

LE GÉNÉRAL, *occupé à écouter une mar-*

che de nuit de plusieurs régimens qui arrivent au camp.

Pardon, mais j'ai cru entendre......

(Le bruit de cette marche augmente, puis diminue de même.

M. D'ARMONT.

Général, c'est une marche de nuit.

LE GÉNÉRAL.

Ah! ah! ce sont les régimens d'Auvergne et d'Al-ace qui se rendent au camp.

M. D'ARMONT.

Auvergne, dites-vous? Auvergne vient au camp?

LE GÉNÉRAL.

Oui. Mais d'où vient cet étonnement?

M. D'ARMONT.

Ah! je décampe.

LE GÉNÉRAL.

Comment donc?

M. D'ARMONT.

Je décampe, vous dis-je, et dans l'instant. Serviteur.

LE GÉNÉRAL.

Mais je ne vous comprends pas, mon ami.

M. D'ARMONT.

Vous allez me comprendre. Il y a deux ans que le régiment d'Auvergne vint en quartier d'hiver à Belgues où je commande. Le Chevalier d'Assas, beau cavalier, brave officier, dont j'avois autrefois connu le père, vit ma fille, lui plut, et me demanda sa main. Comme il s'étoit d'avance assuré de l'aveu de Mme. d'Armont, elle joignit ses instances aux siennes, et bientôt je consentis au mariage, qui devoit se faire l'hiver dernier, parce que nous espérions la paix. La guerre continua et je suspendis le mariage. Je ne puis vous dire tout ce qu'il me fallut essuyer de larmes, de plaintes, de reproches même, de la part des deux amans. Heureusement, Mme. d'Armont approuva mes délais. Depuis que j'ai eu le malheur de la perdre, je n'ai point changé de résolutions. Vous sentez mes raisons, Général : d'Assas, brave, intrépide, incapable de fuir le danger, peut d'un moment à l'autre succomber victime de sa vaillance. Je persiste ; le mariage n'aura lieu qu'après la guerre. Je ne puis me résoudre à voir trembler ma sensible Henriette pour les jours de son époux.

LE GÉNÉRAL.

Mais, mon ami, si Mlle. d'Armont aime effectivement le Chevalier, la croyez-vous plus tranquille ?

M. D'ARMONT.

Non, sans doute. Mais si ce que je redoute arrivoit, ma fille inconsolable perdroit, j'en conviens, un amant adoré ; mais unie à d'Assas, son sort ne seroit-il pas cent fois plus affreux ? Elle perdroit dans son amant, un époux, un protecteur ; et les enfans qui pourroient naître, un père que mes soins et mon cœur ne pourroient leur rendre. Voilà, voilà, Général, les motifs de mes délais : vous êtes sensible, vous ne pouvez les blâmer.

LE GÉNÉRAL.

Je les conçois. Ainsi vous voudriez qu'ils ne se revissent qu'au moment à-peu-près de leur union.

M. D'ARMONT.

A-peu-près.

LE GÉNÉRAL.

Cela me paroît difficile.

M. D'ARMONT.

Ma fille n'est point en correspondance avec le Chevalier. Ce n'est que par moi qu'elle reçoit de ses nouvelles. Elle le suppose au camp de Vildunguen, et d'Assas lui-même nous croit arrivés à Bergues. Ainsi, je me détermine au départ, et vous recommande mon gendre.

LE GÉNÉRAL.

Je n'ai pas l'honneur de le connoître personnellement ; mais si j'en dois juger par la réputation qu'il a dans son régiment, vous ne pouviez faire un meilleur choix.

M. D'ARMONT.

Ce que vous me dites, Général, assure pour jamais ma tranquillité. D'Assas est pauvre, mais je suis riche, et je jouirai, j'espère, de la double satisfaction d'avoir fait le bonheur de ma fille, et la fortune d'un brave officier.

LE GÉNÉRAL.

Ah ! je reconnois bien là votre cœur.

M. D'ARMONT.

J'aurois bien pu me choisir un gendre titré parmi les messieurs de la cour, mais mon Henriette eût-elle été plus heureuse ? C'est son bonheur que je veux, et non des dignités qui rarement nous en tiennent lieu.

SCENE VIII.

Les Précédens, CHAMPAGNE.

Champagne.

Monsieur de Ficher et plusieurs officiers supérieurs desirent parler au Général.

Le Général.

Qu'on les fasse entrer dans mon cabinet, je m'y rends à l'instant. Vous permettez… (*Chmpagne sort.*)

M. d'Armont.

Comment donc ? Mais, si je vous gêne, ordonnez.

Le Général.

Aucunement. Point de cérémonie entre nous. De la loyauté, mon ami, de la loyauté ; c'est l'apanage des François.

M. d'Armont.

Et le mien, Général.

Le Général.

Ah ! je le sais bien, vous serez un brave guerrier jusqu'à la fin de votre carrière.

M. d'Armont.

Ma carrière n'est, parbleu, pas encore terminée.

Le Général.

Cependant, quand on a comme vous rempli sa tâche de citoyen, quand on a votre âge et vos services, on peut penser à la retraite.

M. d'Armont.

Mon Général, tant qu'un François peut tenir son épée, il est encore utile. Je n'ai jamais eu d'autre ambition, que celle de me rendre recommandable à ma patrie et à mon roi. A la suite d'une dangereuse blessure, qui m'a laissé des infirmités, je me suis retiré avec le grade de maréchal de camp. Mais je com-

mande une vieille citadelle de Flandre, je n'y ai que
de vieux soldats comme moi; et s'il prenoit néanmoins
la fantaisie aux ennemis de s'y venir loger, tout cassé
que je parois, ils trouveroient encore à qui parler.
Oui, je suis vert encore; et quoique j'aie soixante hivers
sur la tête, quand j'entends battre la générale, je n'ai
plus que vingt ans.

LE GÉNÉRAL.

Je n'en doute pas : mais on m'attend; je suis à
vous dès que j'aurai terminé.   (*Le Général sort.*)

SCENE IX.

M. D'ARMONT, *seul.*

JE vais en attendant passer chez ma fille. Ce cher
d'Assas! s'il vouloit s'entendre avec moi, pour cacher
son arrivée à mon Henriette! s'il vouloit comprendre
les raisons que j'ai pour différer ce mariage! Je sens
que je serois enchanté de le revoir, de le serrer dans
mes bras!.... ou plutôt, je sens que je n'y pourrai
jamais tenir, et je vais de ce pas....

SCENE X.

HENRIETTE, D'ARMONT.

HENRIETTE, *arrivant avec la plus vive joie.*

MON père, apprenez une nouvelle qui me comble
de joie! Ah! j'étois bien loin de prévoir ce qui m'arrive.

M. D'ARMONT.

Eh! quoi donc, mon enfant? que t'est-il arrivé?

HENRIETTE.

Le régiment d'Auvergne est ici.

M. D'ARMONT.

M. D'ARMONT.

Qui vous a dit cela?

HENRIETTE.

On ne me l'a pas dit, je viens de le voir.

M. D'ARMONT.

Vous venez de le voir!

HENRIETTE.

J'étois à ma fenêtre; jugez, mon père, de ce que j'ai éprouvé, quand d'Assas lui-même, que je croyois si loin de nous, s'est offert à mes yeux.

M. D'ARMONT.

Vous a-t-il apperçue?

HENRIETTE.

Oh! non; mais jamais, non, jamais je n'oublierai ce moment délicieux. Oh! mon cher d'Assas! ton Henriette n'a fait que t'entrevoir, et elle a déja oublié tout ce que ton absence et tes dangers lui ont fait souffrir.

M. D'ARMONT.

Mademoiselle!.... ma fille, tu connois ma tendresse, laisse-moi le soin de ton bonheur: tu as vu d'Assas, cela doit te suffire; si tu m'en crois, si tu ne veux pas m'affliger, il ignorera que nous sommes ici, et nous partirons dès ce soir.

HENRIETTE.

Quoi! mon père, si près de lui, et ne pas lui parler! Eh! que voudriez-vous qu'il s'imaginât de moi, de vous-même? Vous ne voulez pas, sans doute, lui laisser croire que vous avez changé de pensée?

M. D'ARMONT.

Moi, changer de pensée! non, ma fille; et j'ai même, puisqu'il faut te le dire, de nouvelles raisons pour desirer qu'il soit ton époux. ....

HENRIETTE.

Mais, en ce cas, pourquoi refuser de le voir?

M. D'ARMONT.

Mon enfant, que tu connois peu la passion qui vous anime tous les deux ! J'en appelle à toi-même. Si d'Assas n'étoit pas ici, si tu ne l'avois pas vu, tu partirois ce soir, demain, un autre jour, sans regret, sans chagrin, sans autre inquiétude que celle où ton ame se livre habituellement. Mais maintenant, combien ne va-t-il pas t'en coûter pour t'arracher de ces lieux ? Juge du cœur de ton amant par le tien ; épargne-lui la douleur de te voir partir ; et si je puis me compter pour quelque chose, épargne-moi la peine de lui répéter, que je ne veux consentir à votre union qu'après la guerre. Au reste, ma fille, je vous permets, pour la première fois de lui écrire ; regardez-le dès-à-présent comme votre époux ; il doit l'être, il le sera : mais ne le voyons pas, et partons.

SCENE XI.

LES PRÉCÉDENS, D'ASSAS.

HENRIETTE, *voyant arriver d'Assas.*

D'ASSAS !

D'ASSAS.

Mon père ! est-ce vous que je vois, que je serre dans mes bras ? O ma chère Henriette, quel moment, quel jour heureux pour moi !.... Mon cœur est transporté de joie, d'amour, et d'étonnement ; tous les sentimens le remplissent, et je ne puis que tomber à vos pieds.

M. D'ARMONT.

Mon ami !... mon cher Chevalier ! viens dans mes bras.... Ah ! je sens maintenant, qu'en m'éloignant d'ici sans te voir, je me serois privé du plus grand plaisir que j'aie éprouvé de ma vie.

D'Assas.

Sans me voir !

M. d'Armont.

C'est à quoi je voulois la résoudre quand tu es entré.

D'Assas.

Ah ! Henriette !

Henriette.

Il ne m'auroit pas séduite.

M. d'Armont.

Elle n'étoit cependant pas si à plaindre que moi, car elle t'avoit déja vu.

D'Assas.

Quoi !....

Henriette.

C'est un bonheur que je n'ai dû qu'au hasard, mais mon cœur en étoit bien digne.

D'Assas.

Ah ! le mien est pénétré de tout ce que je vois, de tout ce que j'entends. O mon Henriette ! après une absence si longue et si douloureuse, je vous revois. Mais bientôt, sans doute, il faudra encor nous séparer. Ah ! monsieur, pourquoi faut-il qu'un terme peut-être bien éloigné.....

M. d'Armont.

Je vous entends, M. le Chevalier, je vois où vous en voulez venir, et c'est, en partant sans vous voir, ce que je voulois éviter. Vous savez ce que je vous ai mandé.... Après la paix, mon ami, après la paix.

D'Assas.

Eh ! monsieur, cette paix qu'il faut que j'attende, quand viendra-t-elle ? Et qui sait si, d'ici-là, je ne serai pas victime de l'honneur...

M. d'Armont.

Monsieur, vous venez de dire le mot. Je sais trop

que la chose est possible, et je ne veux pas que ma
fille pleure....

HENRIETTE.

Ah! mon père, quelle affreuse idée!...

D'ASSAS.

Vous décidez mon sort, ô ma chère Henriette!... Et
vous, mon père, je n'insiste plus. Mais croyez l'un et
l'autre que si les armes de l'ennemi ne tranchent pas
mes jours, si j'échappe aux dangers que vous craignez
pour moi, je reviendrai digne de vous deux. L'espoir
assuré d'être l'époux d'Henriette, élève encore mon
ame. Pour la première fois, je me sens étonné, humi-
lié d'avoir osé prétendre à sa main, sans avoir encore
rien fait pour la mériter.... Et qui suis-je en effet?
Qu'ai-je fait jusqu'à présent? Ah! il ne suffit pas d'être
un brave soldat : tous les François le sont, ou doivent
l'être; il ne suffit pas de s'enorgueillir du lustre de ses
aïeux ; l'éclat qu'on leur emprunte n'est plus qu'un
vain titre aux yeux de la raison. C'est par ses propres
vertus qu'il faut rendre son nom illustre. Le mien va le
devenir. J'en crois je ne sais quel pressentiment qui
parle au fond de mon cœur. Henriette, vous serez
fière de votre époux. C'est le front ceint de lauriers,
que je veux recevoir votre main.

M. D'ARMONT.

Embrasse-moi, mon ami! tu es, sur mon Dieu, le
plus brave garçon que j'aie jamais rencontré.

SCÈNE XII.

LES PRÉCÉDENS, CHAMPAGNE.

CHAMPAGNE.

MONSIEUR, on a reçu des nouvelles importantes. On
va tenir un conseil de guerre dans cette salle; le Général vous prie de vouloir bien l'y attendre. (*Il sort.*)

M. D'ARMONT.

Fort bien, mon ami. Mon enfant, passe dans ton appartement. Je reste ici avec le Chevalier; je veux le présenter au Général.

HENRIETTE.

Oh! Dieu! que ces nouvelles, ce conseil jettent de trouble dans mon ame!

D'ASSAS.

Soyez sans inquiétude: le Général qui nous commande, a sans doute tout prévu, et le plus tendre amour veillera toujours sur vous. (*Henriette sort.*)

SCENE XIII.

M. D'ARMONT, D'ASSAS.

M. D'ARMONT.

CETTE chere enfant vous aimeroit tout autant voir ailleurs qu'au milieu d'un camp, et sur-tout à portée des ennemis. Mais voici le Général.

SCENE XIV.

LES PRÉCÉDENTS, LE GENERAL, plusieurs Chefs de l'armée.

LE GÉNÉRAL.

PARDON, mon ami.

M. D'ARMONT.

Vous mocquez-vous, Général? Permettez que j'aie l'honneur de vous présenter M. le chevalier d'Assas, mon ami, et, j'espere, bientôt mon gendre.

LE GÉNÉRAL.

A ce double titre, M. d'Assas peut toujours compter sur moi: je crois ne pouvoir mieux accueillir son mérite, qu'en m'engageant à lui procurer toutes les occasions d'augmenter sa gloire. M. le Chevalier, vous dînerez avec nous.

D'Assas.

J'accepterois cet honneur avec transport, mon Général ; mais je suis de service.

Le Général.

J'entends : je me charge d'arranger cette affaire.

SCENE XV.

LE GENERAL, M. D'ARMONT, les Chefs de l'armée.

Le Général, *aux Chefs.*

M. DE ROCHAMBEAU , M. de Ficher, vous tous, Messieurs ; vous voyez M. d'Armont, mon ancien et brave ami. L'Etat et le Roi n'ont jamais eu de meilleur serviteur. Puis qu'il se trouve ici, vous approuverez sûrement, Messieurs, que nous rendions hommage aux vertus guerrières qui ont distingué sa vie, en le priant de s'asseoir au conseil que nous allons tenir. Sa longue expérience et ses lumières ne pourront que nous être utiles.

(*Les Chefs font un signe d'approbation ; un autre signe que le Général fait, annonce qu'on peut s'asseoir : il tient un plan roulé qu'il va remettre à M. d'Armont.*)

Vous connoissez tous , Messieurs , notre position ; M. d'Armont, en jetant les yeux sur ce plan, pourra l'apprécier lui-même , et motiver ses avis , s'il le juge à propos.-- Le mouvement que vient de faire l'ennemi, nous annonce une affaire décisive, elle est inévitable ; à coup sûr nous serons attaqués. Nous ne sommes ici que seize mille hommes , et cinquante mille nous menacent. Mais ce n'est pas de cette différence dont nous devons nous occuper. L'intelligence , le courage, la valeur , et sur-tout l'honneur françois , suppléeront au nombre : vous avez prouvé cent fois que celui des ennemis ne vous inquiète jamais. Rheinberg est devenu pour nous une place de la plus grande importance, et nous devons nous en emparer à quelque prix que ce soit. Une fois que nous en serons maître, que l'ennemi vienne, je réponds de le vaincre ; nous fixerons la victoire à Clostercamp, et je serai trop heureux d'en partager les lauriers avec vous. Parlez, Messieurs.

M. DE FICHER.

Je suis en tout de l'avis du Général.

M. DE ROCHAMBEAU.

Oui, sans doute, si le courage impétueux qui caractérise notre nation pouvoit toujours être dirigé, nous serions toujours sûrs de vaincre, & le nombre des ennemis ne devroit, en effet, jamais nous inquiéter : mais l'expérience nous a donné de terribles exemples. C'est d'après cela que j'oserai ; si le Général veut bien me le permettre....

LE GÉNÉRAL.

Je vous le demande en grace, M. de Rochambeau.

M. DE ROCHAMBEAU.

J'oserai donc vous observer que l'armée du Prince Héréditaire est effectivement bien supérieure à la nôtre, et que le détachement que M. de Boisclaireau va conduire à Vezel....

LE GÉNÉRAL.

Nous affoiblit encore ; je le sens comme vous, Monsieur, mais l'expédition de Boisclaireau m'est imposée par l'indispensable nécessité de conserver Vezel, investi par une partie de l'armée hanovrienne : assurer cette place contre toutes entreprises, et nous maintenir à Clostercamp, sont les points principaux que je me suis proposés, & auxquels je fixe les derniers succès, et le terme de la campagne.

M. DE ROCHAMBEAU.

Il sera véritablement glorieux de la terminer ainsi.

M. D'ARMONT , *qui a examiné le plan*.

Messieurs , le plan du Général est superbe ; quelque puissant que soit l'ennemi , c'est ici qu'il faut l'attendre. Voilà votre position ; gardez-vous d'y rien changer. Vos dispositions sont telles , qu'elles ajouteroient à la gloire des plus grands généraux. Mais je suis aussi de l'avis du Général. Rheinberg est trop près de vous ; il faut absolument emporter ce poste , et vous en faire un appui formidable : s'il est une fois entre vos mains , par où voulez-vous que l'ennemi vienne vous attaquer ? par ces défilés ? .... placez-y des batteries.

M. DE ROCHAMBEAU.

Elles sont indispensables au soutien de nos lignes : d'ailleurs, ces bois qui nous environnent , couvriront toujours la marche et les manœuvres des ennemis. Mais l'attaque de Rheinberg ne vous offre-t-elle rien de douteux ? Ce poste est soigneusement défendu. Avant qu'il soit enlevé , le bruit même de nos armes peut attirer le Prince Héréditaire. Je conçois, comme le Général et vous , Messieurs , l'importance de ce poste ; sa possession nous assure , sinon la victoire , du moins une longue et glorieuse défense ; mais il exige du monde et beaucoup de célérité.

LE GÉNÉRAL.

Oui , beaucoup de célérité ; du silence : six cens grenadiers et chasseurs , point de canon ; l'épée à la main , Rochambeau à leur tête , l'honneur pour récompense , et Rheinberg est à nous.

M. D'ARMONT.

Vive la Patrie et le Roi ! C'est bien vu ! Voilà comme on doit faire la guerre , quand on commande à des François. Et moi , Général , et moi , je vous demande la permission de marcher à cette expédition comme volontaire.

LE GÉNÉRAL.

Oh ! vous permettrez qu'il n'en soit rien. Vous avez

quelqu'un

quelqu'un à reconduire à Bergues, et que certaine-
ment je ne veux pas affliger. M. de Ficher ?

M. DE FICHER.

Général.

LE GÉNÉRAL.

Vous enverrez quelques détachemens de Volontaires
et d'Hussards à la découverte dans les bois qui nous
avoisinent ; il n'y a pas un instant à perdre. Allons,
Allons, Messieurs, accélérer cette importante expédition.

Fin du premier Acte.

ACTE II.

SCENE PREMIERE.

LANSMANN, *seul.*

ON n'entend plus ronfler le canon ; cela n'a pas
duré long-tems. Il faut convenir que je suis bien
malheureux ! il faut que je soie aux ordres du maître
et des valets ; et quels valets encore ! grossiers, bru-
taux. Fais ceci, me dit l'un ; fais cela, me dit l'autre ;
je veux le faire, arrive un troisième qui me le défend
et me tarabuste.... Ah ! *meingoth, meingoth !* ... Mais
là, là, patience : monseigneur le Prince Héréditaire
s'approche à la tête de cinquante mille hommes ; ces
gens-ci ne sont que quinze ou seize mille, et ne l'at-
tendent pas. Ils abandonneront ce château, et mon
maître, M. le baron de Freguendorf, pourra enfin
rentrer chez lui.... Oui, mais que dira-t-il, quand il
verra son beau château quasi démeublé, sa cave au
pillage, son vin du Rhin bu ? Vous verrez qu'il sera
encore assez injuste pour s'en prendre à moi. Ah !
meingoth ! ... J'entends quelqu'un, hâtons-nous de
céder la place.

SCENE II.
HENRIETTE, D'ASSAS.

D'ASSAS.

AH croyez qu'il m'est impossible de rester plus long-tems: il est des devoirs dont rien ne peut nous dispenser. Pendant la paix, un officier peut sans inconvénient, se faire remplacer par ses camarades; mais dans la guerre, au milieu d'un camp, sous les yeux de l'ennemi; la loi sacrée de l'honneur retient chacun à son poste.

HENRIETTE, *craintive.*

Et quel est celui qui vous est destiné ?

D'ASSAS.

Je n'en sais rien encore; mais quel qu'il soit, avant de m'y rendre, je viendrai dire adieu à mon Henriette.

HENRIETTE.

Je vous reverrai ? . . . Vous me le promettez ?

D'ASSAS.

Ah oui, je vous le promets, dès que je le pourrai, je viendrai près de vous.

HENRIETTE.

Vous ne me trompez pas ?

D'ASSAS.

Moi, vous tromper ! m'en croiriez-vous capable ? Ah! de grace, comptez sur ma parole, et soyez sans inquié-tude. L'honneur m'appelle à mes drapeaux; et loin de vouloir me retenir près de vous, donnez-moi plutôt l'es-pèce de courage dont j'ai besoin pour m'en éloigner. Après une marche longue et pénible, aujourd'hui j'ar-rive au camp. Par un hasard, un bonheur que je suis encore à comprendre, je vous vois, je vous parle à peine, qu'un devoir impérieux que je ne puis mé-connoître; me force de vous quitter. Mais du moins, mon amie, demain la journée entière sera consacrée à l'amour, à l'amitié, à la douce confiance. Henriette, avec quelle impatience je vais attendre ce jour fortuné.. Mais aussi, avec quel transport de joie j'en reverrai l'aurore!

HENRIETTE.

Ah! vous êtes bien sûr qu'à cet égard vous n'avez

pas un sentiment que mon cœur ne partage. Je ne vous arrête plus. Partez, mais revenez, je vous conjure, dire adieu à votre amie. Vous reviendrez ?

D'ASSAS.

Oui, je reviendrai.

HENRIETTE.

Mais, si quelqu'obstacle...

D'ASSAS.

Je n'en prévois aucun..... Enfin, je jure par vous, par l'honneur qui tous deux anime, que je ne partirai pas sans vous dire adieu.

HENRIETTE.

Je suis contente. (*D'Assas sort.*)

SCENE III.

HENRIETTE, *seule.*

Hélas ! j'affecte une tranquillité à laquelle mon cœur est bien loin de se livrer. Tout ce que je remarque ici, ne me fait que trop voir qu'il se prépare un grand événement. Ce canon qui s'est fait entendre... ces officiers qui successivement viennent parler au Général ; les rapports fréquens qu'il reçoit.... les ordres qu'il donne..... l'agitation même de mon père.... tout confirme mes tristes conjectures.... D'Assas seul, tout entier à son amour, n'a rien vu, rien entendu... Mais que va-t-il apprendre ? Que va-t-on faire ? Ah ! s'il étoit vrai que l'ennemi vînt attaquer les François ! si d'Assas... Malheureuse ! mon cœur se serre à cette idée, et malgré moi, je sens couler mes larmes.

SCENE IV.

M. D'ARMONT, HENRIETTE.

M. D'ARMONT.

JE te cherchois, mon enfant, je sors de chez toi... Comment donc, tu pleures, mon Henriette... mon amie !... Viens dans mes bras. Qui est-ce qui peut t'affliger ? Parle avec confiance à ton père ! Ah ! que tu le connois mal , si tu crois qu'il n'est pas toujours prêt à se sacrifier pour ton bonheur.

HENRIETTE.

Moi, douter de la tendresse , des bontés de mon père ! Ah ! jamais le cœur de votre Henriette n'en fut plus pénétré Eh ! quel vœu raisonnable ai-je formé dans le cours de ma vie que vous n'ayez pas exaucé ? Vous êtes le meilleur, le plus adoré des pères , et je serai toujours pour vous , la plus heureuse des filles.

M. D'ARMONT.

Embrasse-moi, mon enfant: mais pourquoi pleurois-tu?

HENRIETTE.

J'oserai vous l'avouer. D'Assas vient de me quitter : à peine étoit-il sorti, qu'une terreur .... que je ne puis définir, s'est emparée de mon ame , et a fait couler mes larmes.   M. D'ARMONT.

Mais c'est de la folie .... tu n'as pas ici la moindre chose à craindre ni pour toi, ni pour d'Assas , ni pour personne.... Sois donc raisonnable. Je suis convaincu qu'il ne se passera rien. Mais dans le cas contraire, je le suis encore que tout ira bien. J'entends du bruit, on vient. C'est le Général. Va sécher tes larmes; j'irai te rejoindre dans un instant. Va, mon enfant, va.   (*Henriette sort.*)

SCENE V.

M. D'ARMONT , LE GENERAL , M. DE RO-CHAMBEAU , Officiers supérieurs.

LE GÉNÉRAL.

RECEVEZ mon compliment, Messieurs, sur les nouveaux lauriers que vous venez de cueillir. Vous avez emporté Rheinberg avec une célérité sans exemple. Quoique tous ceux qui étoient chargés de cette importante expédition ne me laissassent aucune inquiétude ; je l'avouerai cependant, un succès aussi rapide excite tout-à-la-fois mon étonnement et mon admiration. Vous venez de prouver en cette occasion, M. de Rochambeau, qu'avec des officiers tels que vous, et les soldats que nous avons l'honneur de commander, il n'est rien d'impossible.

M. DE ROCHAMBEAU.

Il est vrai, Général, que l'impétuosité belliqueuse qui caractérise le François, ne s'est jamais manifestée avec plus de chaleur. Nos grenadiers, nos chasseurs, nos soldats, ont attaqué avec cette intrépidité que vous connoissez, et qui leur est si familière ; ils m'ont encore convaincu dans cette occasion, qu'il faut beaucoup moins d'art pour les diriger, qu'il n'en faut pour les retenir.

M. D'ARMONT.

C'est une vérité incontestable. Je me souviens de l'avoir éprouvé une fois en ma vie. J'étois à Fontenoy, je marchois contre la colonne angloise, à la tête de mon régiment d'infanterie ; tous ces gaillards-là me disputoient l'honneur d'arriver les premiers : ils chargent la baïonnette aux flancs de l'ennemi, ils étoient sourds à la retraite, j'eus toutes les peines du monde à leur faire quitter prise ; et sans l'ordre de me retirer pour faire place à la cavalerie, je crois, le diable m'emporte, que j'aurois passé tout au travers du bataillon quarré.

SCENE VI.

LES PRÉCÉDENS, M. DE FICHER.

M. DE FICHER.

GÉNÉRAL, je viens d'être informé que nos escouades légères ont observé un grand mouvement dans l'armée ennemie, et qu'elles ont même vu défiler des troupes hanovriennes vers la vallée dont les bois nous dérobent la vue.

LE GÉNÉRAL.

Monsieur, retournez promptement à votre poste, continuez vos observations, et vous m'informerez de celles que vous jugerez importantes.

(*Les officiers de l'armée, qui d'abord étoient entrés, sortent avec M. de Ficher.*)

SCENE VII.

LE GÉNÉRAL, M. D'ARMONT,
plusieurs Chefs.

LE GÉNÉRAL, *après avoir jeté les yeux sur un plan.*

MONSIEUR de Rochambeau, il paroît que c'est de côté que l'ennemi veut surprendre. Il est essentiel de disposer nos gardes avancées de manière à déconcerter ses desseins. Il est sur-tout important que ces gardes soient commandées par des officiers qui joignent l'intelligence à la bravoure. Quel est le régiment commandé ?

M. DE ROCHAMBEAU.

Le régiment d'Auvergne.

LE GÉNÉRAL.

Votre régiment ? Savez-vous le nom de l'officier qui doit être à l'avant ?

M. DE ROCHAMBEAU, *après avoir regardé
sur ses tablettes.*

Le chevalier d'Assas.

LE GÉNÉRAL.

Ah ! (*à M. d'Armont.*) mon ami, le poste le plus dangereux est aussi celui où il y a plus de gloire à acquérir.

M. D'ARMONT.

Il est vrai, Général. Mais ma fille aimeroit peut-être autant que cela ne fût pas.

LE GÉNÉRAL

Nous ne la mettrons pas dans la confidence. Messieurs, cette nuit sera probablement troublée. Nous savons tous ce que nous avons à faire : tout est commun entre nous. Que chacun retourne à son poste. Le mien est par-tout. Je tâcherai de m'y trouver, toutes les fois que ma présence et mes conseils pourront vous être utiles, ou que le danger vous pressera.

(Le Général fait une sorte d'inclination, tous les Chefs se retirent.)

SCENE VIII.

M. D'ARMONT, LE GÉNÉRAL.

LE GÉNÉRAL.

POUR parler de ce qui vous touche, je suis tourmenté du hasard qui a placé d'Assas, pour ainsi dire sous le fer et le mousquet de l'ennemi. Si ce brave officier périssoit, je ne m'en consolerois jamais.

M. D'ARMONT.

Cela me tourmente aussi, Général ; et tellement, que si cela étoit possible, j'irois à sa place. Mais c'est une rêverie. Maintenant que vous connoissez d'Assas, convenez, Général, que je n'ai qu'à me féliciter du choix que ma fille a fait de lui.

LE GÉNÉRAL.

Vous avez raison, mon ami. Mais l'heure se passe. J'ai encore quelques ordres à donner, souffrez que je vous quitte. Je reviendrai bientôt vous trouver, et puisque vous le voulez, nous monterons à cheval.

M. D'ARMONT.

Fort bien, Général ; je vais en attendant, passer chez ma fille.   *(Le Général sort.)*

SCENE IX.

M. D'ARMONT, HENRIETTE, *qui pa-roît au moment où son père va entrer chez elle.*

M. D'ARMONT.

AH ! mon enfant, te voilà ? Je me rendois auprès de toi... Eh bien ! qu'as-tu ? Encore du chagrin ?....

HENRIETTE, *bien effrayée.*

Mon père, je viens auprès de vous ; ne m'abandonnez pas. Ce grand mouvement qui paroît avoir lieu d'une extrémité du camp à l'autre , l'air préoccupé des généraux ; tous ces officiers qui s'arrêtent, s'interrogent , se disent adieu , et courent ensuite rejoindre leurs drapeaux.... enfin l'absence de d'Assas, qui m'avoit promis de revenir ; tout contribue à m'épouvanter. Mon père , au nom du ciel , ne m'abandonnez pas , rassurez-moi , promettez à votre Henriette que , quoi qu'il arrive , vous resterez avec elle.

M. D'ARMONT.

Oui, mon enfant , je resterai. Mais calme-toi. Ce que tu as vu, ce que tu as remarqué , n'a rien que de très-ordinaire dans un camp comme celui-ci. Hier, tu aurois vu à-peu-près les mêmes choses ; et demain tu les verrois encore.

HENRIETTE.

Hier , mon père , d'Assas n'étoit pas ici.

M. D'ARMONT.

J'en conviens ; mais tu serois très-fâchée qu'il n'y fût pas aujourd'hui.

HENRIETTE.

Ah ! mon père , que dites-vous ? Je voudrois qu'il fût encore à cent lieues de moi..... Si vous saviez quels affreux pressentimens tourmentent mon cœur.... Dieu !... s'ils alloient se vérifier ;.... Mais aussi, pourquoi d'Assas n'est-il pas revenu ?

M. D'ARMONT.

M. D'ARMONT.

Il va venir, ma fille, je t'en réponds, puisqu'il te
l'a promis. Mais, arrivé d'aujourd'hui au camp, il a
des mesures à prendre, des ordres à donner, à recevoir. (*On entend le bruit d'Bassemblée.*)

HENRIETTE, *tremblante.*

Mon père...

M. D'ARMONT.

Que signifient ces tambours ? Ah ! je sais. Une
partie des troupes qui composent la garde, s'avance
ici près.... D'Assas va sûrement arriver... Un moment, mon enfant, je vais voir ce qui se passe, et
peut-être reviendrai-je avec le Chevalier; dans un instant je serai de retour.

SCENE X.

HENRIETTE, *seule.*

INFORTUNÉE ! les terreurs dont je suis la victime, me
font payer bien cher un instant de bonheur... Mais
aussi, pourquoi mon père a-t-il conduit sa fille au
milieu des alarmes ? Sans ce fatal voyage, je ne me
ferois pas une aussi cruelle idée des dangers que
d'Assas va courir.

SCENE XI.

HENRIETTE, D'ASSAS.

D'ASSAS.

ENFIN, je suis libre, et je viens m'enivrer encore du
plaisir de vous voir. Je viens profiter du seul moment
qui me reste, pour vous conjurer, au nom de notre
amour, de calmer votre effroi. Ce n'est pas avec mon
Henriette que je veux dissimuler. C'est moi, c'est
votre amant qui vient d'être chargé de veiller à la

E

sûreté de l'armée, et à la vôtre, Henriette! Ah! jugez
si les François pourront reposer en paix.

H E N R I E T T E.

O mon ami! je vous revois.... C'est dans ce moment tout ce que mon cœur osoit désirer de plus heureux : mais, d'Assas, quoi que vous puissiez me dire,
ne croyez pas qu'il me soit possible de me livrer à l'espoir, à la sécurité que vous voulez me donner. Ah!
je sens plus que jamais qu'à peine vous m'aurez
quittée...

D ' A S S A S.

Henriette, quoi! vous m'aimez, et vous voulez que
j'emporte avec moi la cruelle idée des tourmens que
mon prétendu danger va vous faire éprouver : vous
voulez qu'au moindre bruit d'armes qui pourra vous
frapper, je me dise : « maintenant mon amante a la
mort dans l'ame.... » Ah! je sens que c'est pour vous
seule que la mienne pouvoit connoître la terreur.
Chassons-la pour jamais de notre ame, et ne voyons
que l'honneur glorieux qui vient de m'être destiné.

H E N R I E T T E.

Ah! mon ami!

D ' A S S A S.

O mon amie! s'il arrivoit que le salut de l'armée
fût dû aux soins, au courage, à la valeur de ton
amant : peins-toi mes transports, ma joie, la tienne
même, quand demain tu me verrois revenir comblé
des éloges des François, et déposer à tes pieds les
lauriers dont je me serois couvert.

H E N R I E T T E.

D'Assas, tu l'emportes! Je crois entendre l'honneur
même, qui parle par ta bouche. Non, je ne puis résis-
ter à cet enthousiasme d'honneur et de gloire. Va,
mon ami, remplir tes destinées; et sois désormais sans
inquiétude sur le sort de ton amante. Je me sens le
courage de supporter ton absence.... mais tes dangers....

D'ASSAS.

Ah! de grace, éloignez cette idée; ne nous occupons plus que des jours fortunés que l'amour nous prépare. Mais qu'est devenu votre père? pourquoi n'est-il pas ici? Je voudrois du moins en vous quittant, vous laisser avec lui.

HENRIETTE.

Dois-je vous l'avouer? Tout-à-l'heure, désespérée de ne pas vous voir revenir, persuadée que vous ne reviendriez plus, une terreur mortelle s'est emparée de moi. Je n'ai pu supporter ma solitude, et je suis venue me jeter dans les bras de mon père; il a vu mes alarmes, et pensant que votre présence seule pouvoit calmer sa malheureuse fille, il est sorti dans l'espoir de vous rencontrer.

D'ASSAS.

O mon Henriette, quel ami, quel père je vais devoir à votre amour!

HENRIETTE.

Mais aussi, vous m'aiderez à le rendre heureux.

D'ASSAS.

Ah! tous les jours de ma vie, ce sera le premier, le plus cher de mes soins: C'est sur-tout en m'occupant sans cesse de votre bonheur, que je veux assurer le sien. Je ne puis vous dire tous les projets enchanteurs que mon cœur se plaît à former pour la félicité de votre père. Il s'applaudira, croyez-moi, d'avoir approuvé notre amour, et j'ose espérer qu'il aimera, qu'il chérira toujours le fils que vous lui aurez donné. (*Il regarde sa montre.*) Mais il est tard, mon Henriette, le tems coule auprès de vous.....
Adieu, dites à votre père combien je regrette de partir sans l'avoir embrassé.

(*Il veut sortir, Henriette l'arrête.*)

HENRIETTE, *ingénument, et avec bien de l'inquiétude.*

Mon ami, encore un moment: allez-vous bien loin?

D'ASSAS.

Non, pas très-loin. E 2

HENRIETTE.

Ne seroit-il donc pas possible, pendant cette éternelle nuit, que vous donnassiez de vos nouvelles à mon père ?

D'ASSAS.

Si je le puis, je vous le promets ; je vous assure en outre que demain, oui, demain, de très-bonne heure, je me rendrai chez lui. (*Il veut encore sortir.*)

HENRIETTE, *l'arrêtant.*

Encore un mot.

D'ASSAS.

Henriette, ma troupe est sous les armes ; le jour baisse, il me faut partir. Adieu, ma bien-aimée ; en vous voyant plus tranquille, votre époux vous quitte avec moins de regrets.

HENRIETTE.

Plus tranquille... Oh! oui, je suis tranquille. Adieu, adieu, mon ami : songez à votre Henriette ; n'oubliez pas que ses jours sont attachés aux vôtres, et que si....

D'ASSAS.

De grace, n'achevez-pas : songez à votre tour que j'ai besoin d'emporter avec moi, la certitude qu'au moins j'ai calmé vos alarmes.

(*On entend battre le rappel.*)

HENRIETTE.

Qu'entends-je ?

D'ASSAS, *en souriant.*

C'est moi qu'on appelle, Henriette.

SCENE XII.

LES PRÉCÉDENT, M. D'ARMONT.

M. D'ARMONT.

Ah ! te voilà, mon ami ? j'aurois dû m'en douter plutôt : elle t'a dit que j'étois sorti pour savoir ce que tu étois devenu.

D' A S S A S.

J'en conviens ; j'aurois dû courir moi-même après vous ... mais il falloit la quitter.

M. D'A R M O N T.

Et cela ne vous est pas aisé ; cependant, mon cher monsieur, votre troupe est prête.

D'A S S A S, *en souriant,*

Je le sais : depuis que je suis à l'armée, c'est la première fois que les soldats m'ont attendu.

M. D'A R M O N T.

J'en suis persuadé. Oh çà, mon ami, je pourrai bien te faire une visite cette nuit.

D'A S S A S.

Henriette resteroit ici sans vous ?

H E N R I E T T E.

Quoi, mon père, vous m'abandonneriez ?

D'A S S A S.

Songez que la moindre chose....

M. D'A R M O N T.

Mais c'est que je ne crois pas trop aux desseins de l'ennemi, sur-tout depuis la prise de Rheinberg.... Comment ... par où voulez-vous qu'il attaque ?

D'A S S A S.

Je ne sais, mais au moins vous conviendrez que cela est possible....

M. D'A R M O N T.

Que diable.... Allons, je resterai, à moins que des circonstances.....

H E N R I E T T E.

Mon père, peut-il s'en présenter qui puissent vous forcer à abandonner votre Henriette ? Eh ! ne suis-je pas déja assez malheureuse de trembler pour les jours de d'Assas, faut-il encore que mon père, sans aucune nécessité, aille exposer les siens? Non, vous n'en ferez rien, vous resterez avec moi. (*On rappelle.*) Ciel !

D'ASSAS.

Adieu, mon Henriette ; adieu, mon père.

HENRIETTE.

D'Assas !

D'ASSAS déja loin, se retournant, regarde Henriette et dit :

Adieu.   (*Il sort.*)

HENRIETTE.

Hélas ! c'en est donc fait !

SCENE XIII.

M. D'ARMONT, HENRIETTE.

M. D'ARMONT.

Mon enfant, ma chere enfant, tu veux me faire mourir de douleur. Viens, rentre chez toi... Morbleu, le maudit voyage ! (*Il conduit Henriette du côté de son appartement.*)

On entend alors le bruit des trompettes, des timballes et des tambours, annonçant le départ de toutes les troupes qui doivent former les gardes avancées. On doit entendre un commandement général, et ensuite les Officiers crier : Marche.

La toile baisse, et le bruit des instrumens guerriers diminue insensiblement.

Fin du second Acte.

ACTE III.

(Le théâtre représente un bois , dont le fond percé laissera voir dans le lointain , et à travers les arbres , une partie du camp françois , au lever du jour. Il fait nuit sombre ; douze grenadiers entrent à petit pas , le dos courbé la baïonnette en avant; plusieurs Officiers observant le même maintien , sont à leur tête. La dernière coulisse du fond , à la gauche des acteurs , représentera une montagne par laquelle d'Assas entrera.

SCENE PREMIERE.

LES OFFICIERS ANGLOIS, LE 1er. OFFICIER, GRENADIERS.

LE PREMIER OFFICIER.

Chut ! silence !... Approchez.... Volvic, arrêtons-nous pour prendre ici nos mesures.

VOLVIC.

Tout paroît aussi calme ici que dans la vallée d'où nous sortons ; si cette tranquillité continue aussi heureusement jusqu'à l'extrêmité du bois , les François ne s'éveilleront qu'en recevant la mort.

LE PREMIER OFFICIER.

Un déserteur de leur avant-garde, parti de cette nuit, a, dit-on, rapporté il y a deux heures , au Prince Héréditaire lui-même , que le poste avancé étoit près de la forêt , à peu de distance du camp , et commandé par un capitaine de chasseurs. Je ne conçois pas comment nous n'avons rien entendu ; il n'y a tout au plus que cent pas d'ici à l'autre extrêmité du bois , d'où l'on pourroit découvrir le camp si l'obscurité moins épaisse .....

VOLVIC.

Mon ami, je crois qu'il seroit prudent d'en faire reconnoître la sortie, avant d'y hazarder la colonne qui nous suit.

LE PREMIER OFFICIER.

C'est ce qu'il est indispensable de faire. Mon ordre le prescrit : suivant mon instruction, je dois faire halte ici, me replier sur la colonne, pour la diriger ensuite sur le poste qu'on veut envelopper, sitôt que je l'aurai fait reconnoître ; ainsi, mon ami, je ne vois guère que vous qui puissiez vous charger de ce soin important.

VOLVIC.

Je m'en charge et je vais l'exécuter. Allons, quatre grenadiers à moi. (*Il les choisit.*) Un seul coup sur la giberne, vous nous reconnoîtrez à ce signal.

LE PREMIER OFFICIER.

Fort bien : marchez à petit pas ; courbez-vous le plus qu'il vous sera possible ; évitez, sur-tout, le choc des branches et des arbres ; portez l'oreille à terre de distance en distance, masquez vos corps de gros arbres, pour vous garantir de surprise.

VOLVIC, *entrant dans le bois avec les quatre grenadiers.*

Soyez tranquille.

SCENE III.

LE PREMIER OFFICIER, *à un autre Officier.*

Vous, retournez sur vos pas ; écoutez attentivement ; tâchez de découvrir la colonne qui nous suit ; nous ne devons être qu'à cinq ou six cens pas d'elle. Marchez, enfin, jusqu'à ce que vous l'ayez trouvée. Vous indiquerez au commandant notre direction ; vous lui direz que M. de Volvic est allé reconnoître la sortie du bois, et que cela fait, il sera tems qu'il se porte

sur

sur nous..... Vous savez le signal de reconnoissance?
(*Il fait le simulacre d'un coup sur la giberne.*)
Silence ! silence donc ! Le moment de l'attaque ne
peut pas tarder. (*Il fait répéter l'heure à sa montre.*)
Il est bientôt quatre heures : dans une heure il sera
jour. Diable ! le Général s'y est pris un peu tard... il est
vrai cependant, que c'est le moment où l'on attend
le moins son ennemi. Les François reposent maintenant dans la plus belle sécurité, mais bientôt... Qu'est-
ce que j'entends ? (*Il écoute.*) Rien... c'est le vent
qui fait tomber des feuilles... Mais n'avoir rencontré
aucune garde, aucune sentinelle ! Ah ! quand on
marche en masse, qu'on n'est pas déployé... (*Il écoute.*)
Nous sommes sûrs de les surprendre. D'ailleurs, ils sont
si peu nombreux ! Seize mille hommes, je crois, et nous
cinquante...... (*Il écoute.*) Vous n'entendez rien ?
Nos deux autres colonnes doivent être moins avancées
que nous, ou peut-être attendent-elles notre premier
feu pour leur signal d'attaque. En vérité, je regarde
comme le présage d'une victoire assurée, le hazard
de n'avoir fait jusqu'ici aucune rencontre.

UN TROISIEME OFFICIER.

Cependant, d'après le rapport fait à l'ordre de ce
soir, nous aurions dû entendre quelque bruit, découvrir quelques factionnaires.

LE PREMIER OFFICIER.

Il est vrai que nous voici bien à l'endroit indiqué
pour la halte de ralliement, et que c'est très-près
d'ici que ce déserteur françois a déposé qu'étoit
postée leur avant-garde. [*Il écoute: On entend un coup
sur la giberne.*] C'est Volvic : hé bien ?

SCENE III.

LES PRÉCÉDENS, VOLVIC.

VOLVIC, *avec beaucoup d'importance.*

Paix!... Paix !... Silence!... Eloignons-nous promptement, nous sommes sur l'ennemi, à deux pas.

F

LE PREMIER OFFICIER.

Comment donc, mon ami ?

VOLVIC, *de même.*

Il est trop heureux pour nous d'avoir pu pénétrer jusqu'ici sans être découverts ; nous sommes sur la gauche de l'avant-garde. J'en ai découvert une sentinelle, je présume qu'il pourroit même y en avoir de ce côté. [*Il désigne le fond à sa gauche.*] J'ai avancé jusqu'aux derniers arbres du bois, qui ne sont pas à plus de cinquante pas d'ici ; je me suis porté un peu en avant sur la pelouse, à la faveur d'un buisson épais ; et là j'ai apperçu...

LE PREMIER OFFICIER.

Paix ! chut ! Le défaut d'arbres ici offrant un peu plus de clarté que dans le bois, il est de la prudence de nous retirer. Rejoignons promptement notre chef... Je crois entendre... [*Un coup sur la giberne.*] Hé bien ?.. [*Au second Officier.*] avez-vous rencontré nos amis ?

SCENE IV.

LES PRÉCÉDENS, LE 2me. OFFICIER.

LE SECOND OFFICIER.

Ils font halte dans la vallée voisine ; ils ont marché dans le meilleur ordre, ils n'ont rien apperçu ; le commandant m'a chargé de vous dire de le joindre, on va attaquer sous un quart d'heure.

LE PREMIER OFFICIER.

Cela étant, avançons ; mais, silence donc !
[*Ils rentrent tous du côté où ils étoient entrés.*]

SCENE V.

D'ASSAS, quatre Chasseurs d'Auvergne. [*Ils entrent par la gauche du fond.*]

D'ASSAS. [*Il écoute attentivement.*]

Il est inconcevable que depuis que je suis entré dans cette forêt, le silence me paroisse moins interrompu

qu'auparavant. [*Il écoute.*] Ce n'est pas que je doive
me défier de l'exactitude de mes sentinelles, mais depuis
une heure mon esprit n'est point en repos sur le sort
de l'armée. [*Il écoute un peu long-tems.*] Non, je
n'entends rien... La nuit est fort sombre, et ce bois
augmente encore l'épaisseur de ses ténèbres. [*Irréso-
lution.*] Me porterai-je plus en avant ?... Je ne sais,
j'ai des pressentimens... Ce soldat qui m'est déserté
cette nuit, me fait naître mille soupçons !... Mes amis,
êtes-vous bien disposés à me suivre ?

UN CHASSEUR.

A vous suivre, mon capitaine ? jusqu'à la mort.

D'ASSAS.

Ce que je vous demande là, n'est point pour notre
sûreté ; mais pour celle de nos braves amis qui s'en
reposent sur nous. Si j'allois seul en avant, je pourrois
être enveloppé, et ma démarche deviendroit infruc-
tueuse.

LE CHASSEUR.

Nous sommes bien résolus de ne plus vous quitter ;
ordonnez, ordonnez.

D'ASSAS, *inquiet.*

Nous sommes si peu de monde !... Je n'ai pas
dû prudemment affoiblir notre avant-garde. Nous
ne laissons pas que d'en être éloignés maintenant.... Il
faut cependant que je ménage, sinon pour moi, du
moins pour vous, braves soldats, la ressource de pouvoir
vous replier sur elle en cas d'une rencontre fâcheuse.

LE CHASSEUR.

Mon Capitaine ! ah ! je connois bien mes camarades, ils pensent tous comme moi ; aucun de nous ne
vous quittera qu'à la mort. Toujours, toujours vous
fûtes bon pour nous, vous nous connoîtrez à votre
tour. Disposez de notre vie, de notre sang... nous
allons le verser pour vous ; s'il le faut, nous allons
tous vous couvrir de notre corps. Eh bien, si nous
périssons, ce sera du moins de tout notre cœur et
sans regret. Il n'est point de soldat François qui ne

soit jaloux de sacrifier sa vie, pour conserver à la patrie celle d'un brave capitaine comme vous.

D'ASSAS.

O mes camarades, mes amis! en excitant ma reconnoissance et mon admiration, vous me prouvez qu'en effet ce n'est que dans les grands dangers qu'on peut bien juger de l'énergie et du cœur des François. Mais faut-il vous dire ce qui me jette dans une défiance extrême? Ce soldat de notre garde qui, si lâchement, a fui cette nuit du côté de l'ennemi, aura pu l'instruire de notre position, et cette seule crainte...

LE CHASSEUR.

Ah! croyez qu'au fond du cœur, nous détestons tous ce malheureux. Se peut-il qu'un François.....

D'ASSAS.

Un François, dites-vous? Non, non, rassurez-vous, mes amis, rassurez-vous... Le François ne déserte point devant son ennemi; c'étoit un étranger qui servoit sous nos drapeaux... (*Il écoute long-temps.*) Paix! paix! silence!... Ecoutez-moi : le sort de notre armée trop foible par elle-même pour repousser un ennemi beaucoup plus puissant qu'elle, sur-tout si elle étoit attaquée par surprise, est désormais entre nos mains. Je ne vous dissimule point mes craintes sur notre position. Vous êtes trop courageux pour vous intimider à l'aspect du danger, vous venez de me le prouver.

LE CHASSEUR.

Eh bien! que faut-il faire? Parlez.

D'ASSAS.

J'ai entendu, ou du moins j'ai cru entendre, avant d'entrer dans ce bois, un froissement d'armes, un bruit sourd, presqu'insensible : quoique le temps qui s'est écoulé depuis, ait été marqué par le plus profond silence, j'ai cependant une sorte d'inquiétude. C'est avec l'intention de me convaincre ou de dissiper ces doutes alarmans, que je vous ai appellés avec moi :

vous n'avez pas hésité pour me suivre. Et bien, mes amis, puisque votre courage vous met au dessus des périls, que votre zèle pour le service de la patrie et du roi vous fait chérir l'honneur d'exposer vos jours ; venez, mes amis, suivez-moi, nous allons pénétrer ensemble dans cette vallée, où l'ennemi pourroit bien attendre le signal pour nous assaillir. Silence, courage, et marchons en avant. Mais, pour Dieu, observez exactement l'ordre que je vais vous prescrire. Vous me suivrez à six pas de distance : si par malheur j'étois saisi par l'ennemi, au point de ne pouvoir m'en dégager ; au premier cri que vous m'entendrez faire, feu sur moi, mes amis, au hazard même de me faire tomber sous vos coups. Alors vous pourrez rejoindre notre avant-garde ; et le bruit de vos armes avertissant notre armée, elle aura du moins le temps de se préparer au premier choc. Chut !

[Les Anglois commencent à sortir, et forment une ligne oblique depuis l'avant dernière coulisse à droite, jusqu'à-peu-près au milieu du théâtre en remontant vers la gauche. Les quatre chasseurs sont restés derrière d'Assas qui s'est porté au bruit qu'il a entendu et crié :]

Qui vive ?

SCENE VI.

LES ANGLAIS, D'ASSAS.

LE PREMIER OFFICIER ANGLOIS, *l'épée sur d'Assas.*

Si tu dis un seul mot, tu es mort.

D'ASSAS. *[Il prend un silence comme pour crier plus fort.]*

A moi, Auvergne ! ce sont les ennemis.

[Il est frappé et s'écrie :] Ah ! Dieu... Dieu....

[D'Assas a été saisi par l'épaule du même tems qu'il a crié à lui. Il est tombé sous l'épée et les baïonnettes de l'officier et grenadiers Anglois. Les quatre chasseurs qui l'accompagnoient ont fait feu sur les Anglois, en se retirant et criant :]

Aux armes !.... aux armes !... aux armes !...

LES OFFICIERS ANGLOIS.

En avant, marche, marche.

[Les Anglois défilent le plus en nombre possible ; pendant qu'ils traversent le théatre, on entend crier aux armes, et battre la générale au camp françois.]

D'A S S A S, *seul.* *[On entend battre la charge et le bruit de l'artillerie.]*

O douleurs cruelles ! Ciel, qu'entends-je ? le camp n'est point surpris : François, soyez vainqueurs, et je meurs satisfait.

[Le bruit de la mousqueterie se fait entendre, et dure assez long-tems ; alors qu'il cesse, d'Assas continue en marquant la plus vive inquiétude sur le sort de l'armée.]

Grand Dieu, suspends ma mort jusqu'à l'issue de la bataille. [*Le bruit de la mousqueterie et de l'artillerie continue à se faire entendre.*] Avant que mes yeux se ferment à la lumière, si j'ai le bonheur de voir triompher les François, j'abandonne la vie sans regrets.

[Le feu de ligne se fait entendre une minute.]

O ciel ! qu'est-ce que j'entends ? Le bruit approche... il augmente... L'ennemi fuiroit-il ? Je crois entendre... *[Il fait quelques efforts pour se soulever. Dans le lointain on entend crier :]*

Vive le Roi !.... vive le Roi !

[D'Assas, entraîné par le charme que produit sur lui le cri de la victoire, fait un nouvel effort pour se relever : il chancelle et retombe de nouveau.]

Je recouvre ma force à ces cris de victoire...., François .... mes amis... O Dieu ! je succombe...

[Les voix plus rapprochées.]

Vive le Roi ! vive le Roi ! vive le Roi !

... *[Tout le monde paroît avec le jour.]*

Les Anglois sont poursuivis, chargés à la baïonnette, un peloton de leurs gens assaillis sur la montagne, par les François qui leur enlèvent un drapeau. D'Assas, sur le devant de la scene, s'est soulevé à la faveur d'un arbre. Il est en opposition à ses amis vainqueurs, et au

moment où le drapeau est saisi par les François, il
s'écrie, par un dernier effort de douleur & d'enthousiasme:
Vive le Roi!... O douleurs!...

SCENE VII.

M. D'ARMONT, toute l'armée.

M. D'ARMONT.

COURAGE, courage, amis! serrez, serrez vos rangs.

(*Les troupes poursuivent les Anglois. Appercevant
d'Assas.*)

Que vois-je, ô ciel!... C'est lui.... Ah! Dieu! mon
ami, mon cher d'Assas, mon fils!... que de larmes, de
regrets, de tourments tu nous causes! Pendant l'affaire
nous avons appris des chasseurs qui t'accompagnoient,
ton dévoûment généreux: le Général, nos Chefs, nos
soldats, tous admirent ton héroïsme, chacun d'eux est
ton vengeur, chacun d'eux voudroit verser son sang pour
racheter tes jours. Tous vont venir t'arroser de leurs
larmes; ils partagent tes maux, ressentent tes douleurs:
les miennes, ah! les miennes sont affreuses. Mon cœur
est déchiré.... O brave d'Assas! ô magnanime ami!
dans quel état je te trouve!

D'ASSAS.

Embrassez-moi, mon pere.... cachez-moi vos
larmes. Je meurs trop heureux... j'ai servi mon pays...
Un seul regret...   M. D'ARMONT.

Grand Dieu! quels ennemis! Egorger un brave officier, parce qu'il ne trahit point sa patrie! Hanovriens,
Anglois, se peut-il que son généreux dévoûment n'ait
pas pénétré vos ames d'admiration et suspendu vos
coups? O mon ami!

SCENE VIII.

LE GENERAL, M. D'ARMONT D'ASSAS,
CHEFS, SOLDATS; *ils entrent du côté des Anglois.*

LE GÉNÉRAL, *l'épée à la main.*

HÉ BIEN, ce brave, ce généreux d'Assas voit-il
encore le jour?

M. D'ARMONT.

Il vit, mais sans espoir.

LE GÉNÉRAL.

Sans espoir, ah Dieu !

M. D'ARMONT.

Il est atteint de profondes blessures, et sans nombre.

LE GÉNÉRAL.

Amis, aidons de nos soins ce généreux guerrier.
[*On le met sur un brancart fait avec des drapaux.*] Aucun secours ne pourroit...

D'ASSAS, *expirant.*

Général, ... l'art ... dont les soins ... bienfaisans veillent à la conservation des humains .... je le sens trop,
ne peut plus rien sur moi.... J'emporte au tombeau vos
regrets, l'estime de mon pays... Le moment de ma mort
est le plus beau de ma vie .... Mon cœur se glace... Je
ne vois plus qu'à peine... Ah ! Dieu !.. Henriette...,
j'expire.

SCENE VIIII & *dernière.*

LES PRÉCÉDENS, M. DE ROCHAMBEAU.

M. DE ROCHAMBEAU.

GÉNÉRAL, toutes nos troupes viennent de rentrer dans
le meilleur ordre. L'arrière-garde des ennemis, attaquée, vaincue et dispersée, laisse en nos mains les
ponts et les équipages qu'ils avoient sur le Rhin ; ils
ont repassé ce fleuve en désordre. Le Prince Héréditaire a abandonné la tranchée de Vezel, et ne s'occupe
plus qu'à sauver les débris de son armée sous les murs
de Haltren.

LE GÉNÉRAL.

La difficulté du terrein ne m'a permis de faire combattre que quatre brigades ; mais quel courage, quelle
fermeté n'ont-elles pas montrés ! Tous ont mérité le
surnom de brave en cet affreux combat.... Allons, mon
cher

Cher d'Armont, allons rendre au malheureux d'Assas les tristes, mais glorieux honneurs qui lui sont dus. Il vient de nous prouver combien il étoit digne d'être votre fils et votre ami. Consolons-nous en pensant que si Rome fut fière d'avoir un Scévola, un Curtius pour citoyens, la France va l'être d'avoir produit d'Assas. Quel est celui parmi nous qui ne s'honorera pas d'avoir connu ce héros dont le nom est désormais aussi éternel que la gloire qu'il vient d'acquérir? Les guerriers de tous les temps, de tous les lieux, viendront rendre hommage à son tombeau ; et l'action dont nous sommes les témoins, excitera dans les siècles les plus reculés, l'enthousiasme et la reconnoissance de tous les cœurs françois. Personne ne racontera la mort de d'Assas sans répandre des larmes ; personne ne l'apprendra sans admiration. Nos seuls ennemis en seront jaloux. Soldats, voyez ce qu'un misérable transfuge nous cause de regrets : que cet exemple sublime et terrible, vous attache à vos drapeaux ; n'oubliez jamais que le véritable honneur consiste à servir fidèlement la patrie et votre roi.

Les chasseurs lèvent le corps de d'Assas et se préparent à la marche militaire.

M. D'ARMONT, *se jetant douloureusement sur le corps.*
O mon cher d'Assas ! ô mon cher fils !

LE GÉNÉRAL.

Mon ami, séchez vos larmes ; ce héros ne doit qu'être admiré.

Une marche lugubre et militaire termine la pièce: toutes les troupes défilent ; les quatre chasseurs portent le corps de d'Assas, et vont le déposer derrière une pierre, sur laquelle sont écrits les vers suivans : ils font feu de chaque côté.

C'est ici que d'Assas, ce François immortel,
Semblable à Curtius, abandonna la vie,
Pour le civique honneur de sauver sa patrie :
De tel héros la tombe est le premier autel.

F I N.

www.ingramcontent.com/pod-product-compliance
Lightning Source LLC
LaVergne TN
LVHW022345170726
843503LV00008B/3560